SOMMAIRE

Améliorer le décodage

• Des sons difficiles •

 1 Lis à haute voix plusieurs fois les mots suivants.

Le son **et = è**	Le son **ph = f**	Mots contenant un **y = ii**

des beignets	un phare	un noyau
mon bracelet	une photographie	C'est bruyant.
un porcelet	la pharmacie	des tuyaux
un garçonnet	un photographe	une noyade
faire le guet	l'orthographe	le rayonnement
un guichet	un orphelin	un paysage
des paquets	les photocopies	le balayage
mon poignet	l'alphabet	un fuyard
le regret	une pharmacienne	la frayeur
du muguet	la géographie	une paysanne
des piquets	un nénuphar	crayonner
Il est inquiet.	une phrase	s'ennuyer
un châtelet	un pharaon	une croyance
un hochet	le téléphone	un voyageur

• Des mots de la même famille •

cuire, cuisant, cuiseur, cuisine,
cuisiner, cuisinier, cuisinière

banane
bananier
bananeraie

plume
plumeau
plumé
plumer
plumet
plumeux
déplumer
remplumer

bon, bonne, bonté,
bonasse, bonifier,
bonnement, bonification

barre, barrer, barreau,
barreur, barrage, barrière

grand, grande, grandeur, grandir,
grandiose, grandement, agrandir

vent, venter, venteux, éventer,
ventiler, ventilateur, ventilation

terre, terreau, terreux, terrain, terrier, terrine,
terrestre, territoire, enterrer, déterrer, enterrement

Pour t'aider

fort, forte, force, fortement, fortifier,
forteresse, fortifiant, fortification

camp, camper, campeur,
camping, campement,
décamper, campagne,
campagnard

Quand tu lis, si tu ne décodes pas les mots jusqu'à la fin, tu peux être tenté de changer un mot difficile pour un mot facile que tu connais bien.

Pour éviter ce type d'erreurs, suis les lettres du mot que tu lis avec un crayon et ne t'arrête qu'à la fin.

carte, carton, cartonner,
cartonnage, cartonnerie,
cartographe, cartographie

balle
ballon
ballonné
ballonnement

• Des verbes dont les terminaisons diffèrent •

3 Lis à haute voix les verbes suivants. Fais les liaisons nécessaires.

POUVOIR

il peut, ils peuvent, nous pouvons,

vous pourrez, ils pouvaient,

il pourrait, que nous puissions,

pouvant

SAVOIR

je sais, je savais,

je saurai, que je sache, sachant,

je saurais, sache, ils savent

PRENDRE

vous prenez, vous prendrez,

vous preniez, vous prendriez,

prenez

AVOIR

j'ai, j'avais, j'aurai,

j'aurais, aie, ayons, ayant

AIMER

il aime, ils aiment, il aimera,

ils aimaient, ils aimeront,

ils aimeraient

FINIR

finis, finissons, nous finirons,

nous finirions, nous finissons

ÊTRE

étant, nous étions,

vous êtes, soyez,

nous serons, vous seriez, sois,

que nous soyons

Pour t'aider

Les terminaisons des verbes changent pour plusieurs raisons : leur mode, leur temps, leur sujet, etc.

Si, dans un texte, tu lis correctement les verbes avec leur terminaison, cela t'aidera à mieux comprendre qui fait l'action et quand elle se déroule.

ALLER

aller, allez, nous allons,

que vous alliez, vous allez,

allant, allé

VOIR

je vois, ils voient,

nous voyons, tu voyais,

voyons, voyant, voyez

VOULOIR

tu veux, ils veulent, veuille,

que vous vouliez, voulant, tu voudrais,

veuillez, tu voulais, je voudrai

Les liaisons

4 Lis à haute voix, plusieurs fois, les textes suivants en respectant les liaisons indiquées.

PÉDRO

Pédro était un petit garçon pauvre qui vivait dans la montagne avec sa famille.

Chaque samedi, il devait aller à la ville avec son petit âne pour vendre des oranges au marché.

Ce samedi-là, un orage s'annonçait. Pendant que le petit âne descendait avec précaution la pente de la montagne, un gros éclair l'effraya. Apeuré, il se mit à courir et toutes les oranges se répandirent sur le chemin. Pédro rattrapa son animal, le calma, ramassa les oranges et reprit sa route.

Pour t'aider

Les liaisons ne se font pas entre tous les mots.
En général, on les fait entre :

- Le déterminant, le nom et l'adjectif.
  Exemples : son petit âne   un orage

- Le verbe et le mot qui le suit.
  Exemple : Pédro était un garçon pauvre.

DES ANIMAUX ÉTRANGES

Dans les temps préhistoriques, vivaient des animaux étranges. Certains avaient des écailles et étaient aussi hauts qu'une de nos maisons. D'autres étaient plus gros encore. Le brontosaure, par exemple, était aussi long que quatre gros éléphants alignés. Certains étaient gros, mais ils n'étaient pas dangereux pour les autres animaux, car ils se nourrissaient de plantes aquatiques.

Aucun homme ne vivait sur la Terre en ce temps-là.

Lire par groupes de mots

5 Lis les phrases suivantes à haute voix en respectant les coupures indiquées.

a) Chez ce beau monde, / bien plus qu'ailleurs, / il est absolument interdit / de faire des choses interdites.

b) Il faut, / par exemple, / hocher la tête de contentement / en toute circonstance.

c) Chahuter / est impossible, / mais faire des courbettes / est très chaudement recommandé.

d) Les gens de la Caserne / doivent s'habiller / en couleurs claires / et porter des marques connues commençant avec la lettre C / (ce qui limite beaucoup le choix).

e) Tout le monde / fredonne les mêmes chansons / et tout le monde / doit lire le journal / qui s'appelle Le Canard content.

Extraits de *La croisade de Cristale Carton*, Christine Eddie, coll. «Plus», Montréal, Hurtubise HMH, 2002.

Pour t'aider

Quand une phrase est longue ou qu'on lit lentement, il faut faire des pauses pour reprendre son souffle.

Cependant, on ne peut pas faire ces pauses n'importe où : il faut lire d'un même souffle les mots qui appartiennent à un même groupe.

On lit d'un même souffle **le groupe du nom**, c'est-à-dire le nom, son déterminant et tous les mots qui servent à donner plus d'informations sur ce nom.

Exemple : des marques connues commençant par la lettre C

On lit d'un même souffle **le groupe du verbe**, c'est-à-dire le verbe conjugué et tous les mots qui le complètent. S'il contient peu de mots, on les lit d'un seul trait. Sinon, on s'arrête entre les compléments.

Exemples : Chahuter / est impossible.

Il est absolument interdit / de faire des choses interdites.

LE CIRQUE BELLINI

La nuit venue, / une multitude d'ampoules colorées / illuminent la façade du cirque Bellini. /

Sur une estrade, / un homme / crie à la foule :

— Pressons, / Mesdames et Messieurs ! / Le spectacle va commencer ! (…) /

La représentation / débute par un numéro de jongleurs. / Viendront ensuite / un funambule, /

un fakir, / deux trapézistes. / Riri, / l'âne savant, / compte en tapant du sabot. / Les clowns Alpha

et Bêta / lui posent des questions. /

Mais surtout, / il y a la musique : / une trompette puissante, / accompagnée du

zim-boum-boum des cymbales. /

Vers la fin du spectacle, / les clowns / présentent un sketch amusant. / Alpha et Bêta / posent

des questions / à un troisième personnage. / Celui-là n'est pas un clown ordinaire. / Assis au

milieu de la piste, / les jambes perdues dans un immense pantalon, / il ne parle pas / mais

répond en jouant d'un instrument. /

À chaque question, / il change d'instrument. / Quand Enrico / le voit tirer de sa poche /

un minuscule accordéon, / le garçon le reconnaît enfin.

Monique Ponty, *Viva Diabolo !*, coll. «Plus», Montréal, Hurtubise HMH, 1991.

LE CIRQUE

Les premiers cirques sous chapiteau / sont nés en Angleterre / au 18ᵉ siècle. /
On présentait des numéros d'adresse, / de funambules, / d'animaux dressés /
et probablement des clowns. / Les cirques étaient alors ambulants, / c'est-à-dire
qu'ils allaient d'une ville à l'autre. / L'arrivée du cirque dans une ville / était un événement
très attendu / tant des adultes que des enfants. / Aujourd'hui, / le cirque est tout
aussi populaire / même s'il a bien changé. / Le chapiteau a disparu / et les spectacles /
se donnent dans de grandes salles permanentes. / Les acrobates, / les clowns, /
les funambules, / les animaux / et tous les autres personnages populaires / sont restés. /
Toutefois, / on met l'accent sur les costumes, / la musique et même la poésie. / Au Québec, /
le Cirque du Soleil / a créé de nouveaux spectacles / qui ont un thème / et qui utilisent toutes
les ressources de la technologie.

Lire avec intonation

7 Lis les textes suivants à haute voix en faisant une courte pause et en gardant ta voix élevée aux virgules.

CAUSER EN C

Au centre de cette ville, près du cinéma chinois et du commissariat, se dresse la Caserne, un carrefour colossal qui culmine au-dessus de la cité. C'est là, au cinquième étage, que cohabitent Cristale Carton et ses parents, Caroline et Charles. (…)

Le Club des commissaires du code, qui regroupe tous les adultes de la Caserne, a lui-même concocté le règlement que tous les citadins doivent suivre.

D'abord, évidemment, ils doivent causer en C, avec les mots du dictionnaire qui se trouvent entre les pages 229 et 442. Ceux-là seulement ou presque, ce qui donne lieu à des conversations un peu bizarres.

— On casse la croûte, Céline Caouette ?

— Comme vous le constatez, cher Cyprien. Civet, concombres, craquelins et camembert. La comptabilité, croyez-moi, ça creuse !

Christine Eddie, *La croisade de Cristale Carton*, coll. «Plus», Montréal, Hurtubise HMH, 2002.

Pour
t'aider

Quand tu rencontres une virgule dans un texte, la phrase n'est pas terminée. Tu dois faire une légère pause et garder ta voix élevée, prête à lire le reste de la phrase.

Les virgules jouent différents rôles.

- Les virgules isolent des renseignements placés au début de la phrase (les compléments de phrase).

Exemple : **Au centre de cette ville,** se dresse la Caserne.

- Les virgules séparent les éléments d'une énumération.

Exemple : **Civet, concombres, craquelins** et camembert.

- Les virgules isolent des renseignements placés dans la phrase.

Exemple : C'est là, **au cinquième étage,** qu'habite Cristale Carton.

LA JEUNE FILLE
ET SON CHIEN

C'est ainsi que la jeune fille se retrouva seule, avec pour compagnon le chien qui avait tiré le traîneau de son père. On lui avait laissé ce qu'il fallait pour qu'elle survive, si elle en était capable : quelques peaux de caribou, un harpon, un couteau à neige, un peu de graisse de phoque et une petite lampe à huile.

La jeune fille et son chien se mirent à marcher, avançant au hasard sur ce territoire où le ciel et la terre se confondent, tant leur lumière est semblable. Au pied d'une montagne, ils finirent par découvrir un iglou abandonné et s'y installèrent. (…)

Ainsi à l'abri, la jeune fille et son chien apprirent à s'organiser du mieux qu'ils le pouvaient. Au début, tout semblait difficile, voire impossible. Mais, au fil du temps, la jeune fille trouva les gestes qu'il fallait exécuter pour survivre malgré la solitude. (…)

Une nuit, la jeune fille se réveilla. Son chien, couché à ses côtés, semblait avoir de la difficulté à dormir et soupirait d'une étrange façon. Inquiète, elle alluma la lampe à huile et constata qu'il avait le poil recouvert de frimas et de glaçons.

Jacques Pasquet, *Grand Nord, récits légendaires inuits,* coll. «Atout», Montréal, Hurtubise HMH, 2004.

8 Lis les textes suivants à haute voix en tenant compte de la ponctuation et de certains mots en **gras** qui t'indiquent comment modifier ta voix.

a) Deux campeurs se sont égarés dans la forêt. L'un d'eux **s'écrie** soudain :

— Viens vite ! Il faut partir ! J'ai vu un porc-épic !

— Et alors ? lui dit son ami.

— Il pourrait nous lancer ses piquants !

— Nous lancer ses piquants ? **Ah ! Ah ! Ah !** Tu crois à ces sornettes ?

— Comment ? Ce n'est pas vrai ?

— Mais non ! C'est seulement si on s'approche qu'il y a du danger.

À ce moment-là, il peut hérisser ses piquants et, si on les touche, ils vont se détacher et entrer dans notre peau.

— **Ouf !** J'aime mieux ça !

Pour t'aider

Quand tu lis, tu dois d'abord respecter les signes de ponctuation.

- La virgule (**,**) indique une pause, le ton de la voix reste élevé.

- Le point (**.**) indique une pause, le ton de la voix baisse.

- Le point d'interrogation (**?**) indique une question.

- Le point d'exclamation (**!**) indique une émotion.

De plus, certains mots peuvent t'indiquer comment modifier ta voix.

Exemple :

L'un d'eux **s'écrie** soudain : — Viens vite !

S'écrie *indique que la suite (*Viens vite !*) doit être lue un peu plus fort.*

b)   Cendrillon était toute **triste**. Elle avait une vilaine belle-mère qui l'obligeait à travailler toute la journée! Du matin jusqu'au soir, elle lavait, balayait, récurait, sans jamais se divertir. Un jour, elle apprit que le roi invitait toutes les filles du pays à un grand bal. Cendrillon savait qu'elle n'irait pas. Évidemment, elle devait rester à la maison pour faire son travail. Et puis, de toute façon, elle n'avait aucune jolie robe pour aller au bal!

    Quelle ne fut pas sa **surprise** quand la fée, sa marraine, apparut et lui annonça qu'elle irait au bal. Elle fit apparaître de beaux vêtements, des chevaux et un magnifique carrosse! Tout le monde connaît la fin **heureuse** de cette histoire. Le prince épousa Cendrillon, ils vécurent heureux et eurent beaucoup d'enfants.

Comprendre ce qu'on lit

• **Trouver le sens d'un mot inconnu** •

1 Dans les textes suivants, surligne les passages qui expliquent les mots en caractères gras.

a) Dans le sud de la France, un vent chaud et sec venant de la haute mer, l'**autan**, a un effet d'engourdissement sur les hommes et les animaux.

b) Les musaraignes sont des petits animaux très peureux. Elles se déplacent **à la file indienne**, c'est-à-dire les unes derrière les autres.

c) En été, quand il fait chaud, l'eau s'évapore et monte dans le ciel où elle se refroidit et se transforme en vapeur d'eau. Les nuages ainsi formés sont blancs et ont la forme de gros choux-fleurs, on les appelle des **cumulus**.

Pour t'aider

Parfois, quand une phrase contient un mot difficile, sa définition est donnée dans la même phrase.

Exemple :
Dans le sud de la France, un vent chaud et sec venant de la haute mer, l'**autan**, a un effet d'engourdissement sur les hommes et les animaux.

Parfois la définition est introduite par *c'est-à-dire*, *c'est ce qu'on appelle*, etc.

Exemple :
Elles se déplacent **à la file indienne**, *c'est-à-dire* les unes derrière les autres.

d) La baleine bleue est le plus gros animal du monde, mais elle se nourrit de petits crustacés, le **krill**.

e) Le lait est transporté de la ferme à la laiterie. Là, on le chauffe pour tuer certains microbes nuisibles. C'est la **pasteurisation**.

f) Au printemps, la louve choisit un abri, qu'on appelle une **tanière**.

g) Quand tu as faim, ton estomac se met à bouger et il fait de drôles de bruits, qu'on appelle des **gargouillis**.

h) Les dauphins n'aiment pas vivre seuls. Ils se déplacent en groupes appelés **bandes**.

i) Les visiteurs du zoo admirent le paon qui **fait la roue** : il déploie sa queue en un large éventail coloré.

2 Sers-toi du contexte pour trouver le sens des mots en caractères gras, puis coche la bonne réponse.

a) Les peintres ne réalisent pas des chefs-d'œuvre au premier essai. Ils font souvent de nombreux **croquis** qui leur permettent d'approfondir et de perfectionner leur travail.

☐ un dessin rapide, à grands traits

☐ un dessin très détaillé

b) Il était une fois un prince qu'une méchante sorcière avait **métamorphosé** en vilain crapaud. Il attendait qu'une jeune fille s'intéresse à lui, ce qui lui permettrait de reprendre sa forme normale.

☐ aimé

☐ transformé

☐ apprivoisé

c) Quand le bateau a coulé, les **naufragés** sont restés plusieurs heures dans l'eau froide.

☐ passagers d'un avion en difficulté

☐ passagers d'une voiture accidentée

☐ passagers d'un bateau qui a coulé

d) Quand on les a secourus, les naufragés, qui étaient restés plusieurs heures dans l'eau glacée, étaient **transis**.

☐ fatigués

☐ contents

☐ gelés

e) Quand la vedette de notre équipe de hockey a été punie, tous les spectateurs ont protesté avec force. Quel **brouhaha** !

- ☐ bruit produit par une foule
- ☐ bruit produit par le vent
- ☐ bruit produit par du papier

f) Ma tante Emma aime faire le tour des **brocanteurs** pour acheter des objets anciens.

- ☐ marchands de légumes
- ☐ marchands de voitures
- ☐ marchands d'antiquités

g) À l'Halloween, nous avons récolté une grande quantité de friandises. **Mine de rien**, mon petit frère en a mangé beaucoup pendant que j'avais le dos tourné.

- ☐ sans se faire remarquer
- ☐ sans se salir
- ☐ sans être malade

h) Mon petit frère a mangé trop de bonbons et il a été malade. Quel **glouton** !

- ☐ imprudent
- ☐ gourmand
- ☐ effronté

3 Trouve le sens des mots en caractères gras en t'aidant des mots de la même famille.

a) La famille de monsieur Boniface est **richissime** depuis trois générations.

Mot de la même famille : riche

☐ a beaucoup d'enfants

☐ a beaucoup d'argent

☐ a beaucoup de problèmes

b) À cause des poux, nous avons dû laver toute la **literie**.

Mot de la même famille : lit

☐ sommier, matelas, oreillers et couvertures

☐ tuques, foulards, bérets et casquettes

☐ tapis, fauteuils, rideaux et coussins

c) C'est mon anniversaire ! Mon cadeau est dans une boîte bien **ficelée**.

Mot de la même famille : ficelle

☐ décorée

☐ carrée

☐ attachée

Pour t'aider

Une famille de mots est un ensemble de mots formés à partir du même mot. Les mots d'une même famille ont un sens assez proche, ils se rapportent à la même idée.

Exemple : **riche** : personne qui a beaucoup d'argent

enrichir : rendre plus riche

Choisis le mot qui convient pour compléter chaque phrase en tenant compte du sens des préfixes.

a) reboutonner, déboutonner

Il fait chaud ici. Il vaut mieux _____ ton manteau.

Tu pourras le _____ quand tu sortiras.

b) recoiffe, décoiffe

Porter une tuque _____ mes cheveux.

Il faut chaque fois que je me _____ .

c) regonfler, dégonfler

Rouler à bicyclette sur un sentier de terre peut _____ tes pneus.

Il faudra alors les _____ .

d) remballé, déballé

Quand j'ai _____ le colis, je me suis aperçu que l'objet était brisé.

Je l'ai donc _____ et je l'ai renvoyé au magasin.

e) bipèdes, quadrupèdes

Les humains marchent sur deux pieds,

ils sont _____ . Les vaches,

les moutons et les chèvres marchent

à quatre pattes, ce sont des _____ .

Pour t'aider

Pour former de nouveaux mots en français, on ajoute souvent une syllabe au début d'un mot, c'est un préfixe.

Chaque préfixe a un sens particulier :

1) le préfixe **re** au début d'un verbe signifie faire cette action à nouveau ;

2) le préfixe **dé** indique l'action contraire ;

3) les préfixes **bi**, **tri** et **quadra** ont respectivement le sens de deux, trois et quatre.

• Trouver des informations par déduction ou inférence •

5 Lis les textes et réponds aux questions en cochant les bonnes réponses.

a) On ne sait pas vraiment pourquoi les loups hurlent. Un loup solitaire hurle tôt le soir ou au lever du jour. Les chasseurs s'entendent pour affirmer que c'est très impressionnant, à vous faire dresser les cheveux sur la tête.

À quelles heures peut-on entendre un loup hurler ?

☐ 19 h   ☐ 13 h   ☐ 5 h   ☐ minuit

b) L'hermine est un petit carnivore que l'on rencontre partout au Canada. En été, son pelage est brun. En hiver, l'hermine change de couleur et devient blanche, à l'exception d'une pointe brune au bout de la queue.

En quelle saison est-il plus difficile de chasser l'hermine ?

☐ en été   ☐ en automne   ☐ en hiver

c) Amélie se leva, sa mère la regarda d'un air inquiet et posa la main sur son front.

Qu'est-ce que la maman d'Amélie a remarqué ?

☐ Amélie a mis sa chemise de nuit à l'envers.   ☐ Amélie est toute décoiffée.   ☐ Amélie semble malade.

Pour t'aider

Il arrive que la réponse à une question soit difficile à trouver dans un texte. Tu dois alors réfléchir, utiliser tes connaissances. Celles-ci, combinées aux informations données dans le texte, te permettront de déduire la réponse.

Exemple : Les enfants se roulent dans les feuilles mortes.

En quelle saison sommes-nous ?
En automne, car c'est la saison où les feuilles tombent.

• Identifier les mots de substitution •

 6 Les mots ou les groupes de mots surlignés représentent les personnages de cette histoire : Marie (M), Ludovic (L) ou l'araignée (A). Au-dessus de chacun, écris la lettre ou les lettres qui lui correspondent.

La petite Marie joue dans le parc avec son grand frère Ludovic. Les deux enfants s'amusent comme des petits fous. Ils se cachent derrière les arbres et dans les buissons. Soudain, la fillette pousse un cri. Le grand frère arrive en courant et lui demande ce qui ne va pas.

— J'ai vu une araignée, dit-elle en pleurant.

— Pourquoi as-tu peur de ce petit animal ? demande le garçon.

— J'ai peur que cette vilaine bestiole me pique !

— Mais non ! Elle ne peut te faire aucun mal. Au contraire, elle est très douce.

L'aîné tend son doigt et l'animal y grimpe lentement. La petite fille grimace. Puis, voyant que rien de fâcheux n'arrive, elle tend la main à son tour. La minuscule bête trottine lentement dans sa main. Puis l'enfant dépose délicatement l'animal par terre. Elle sourit et se dit que, grâce à son grand frère, elle s'est fait une nouvelle amie.

Pour t'aider

Il existe plusieurs façons d'éviter la répétition d'un mot dans un texte. On peut le remplacer par :

- un pronom : J'ai un chat, **il** s'appelle Mignon.

- un autre mot ou un groupe de mots : Les baleines vivent dans la mer. **Ces mammifères** ont été beaucoup chassés par les humains.

Retenir ce qu'on lit

 7 Lis ce texte plusieurs fois en essayant de te rappeler le plus d'informations possible. Ensuite, réponds aux questions sans relire le texte.

LES MAMMIFÈRES

Les mammifères ne pondent pas d'œufs. Les petits sortent vivants du ventre de leur mère, qui les allaite après leur naissance.

Les mammifères ont un cerveau plus développé que celui des autres animaux. Ils sont peut-être plus intelligents que les autres. Plusieurs, comme les chiens, les singes ou les ours, peuvent apprendre des tours.

En général, leur corps est couvert de poils qui forment une fourrure. L'automne, cette fourrure devient plus épaisse pour les protéger durant l'hiver.

Pendant l'hiver, plusieurs mammifères entrent dans une sorte de sommeil qu'on appelle hibernation. Pendant cette période, leur corps fonctionne beaucoup plus lentement. C'est pourquoi ils n'ont pas besoin de manger.

a) Quel est le sujet de ce texte ? _____

b) Le texte que tu as lu parlait-il des sujets suivants ? Réponds par **oui** ou par **non**.

- Les mammifères qui vivent dans la mer : _____
- La façon dont naissent les petits : _____
- De quoi se nourrissent les mammifères : _____
- Ce qui recouvre le corps de ces animaux : _____
- Les ennemis des mammifères : _____
- Comment ils se défendent : _____
- L'intelligence des mammifères : _____
- Leurs activités durant l'été : _____
- Comment les petits se nourrissent : _____

c) Pourquoi les mammifères sont-ils plus intelligents que les autres animaux ?

_____

d) Pourquoi certains de ces animaux n'ont-ils pas besoin de manger durant l'hiver ?

_____

Trouver les idées principales dans un texte narratif

8 Lis le texte narratif suivant, puis réponds aux questions.

LA CHÈVRE DE MONSIEUR SEGUIN

Introduction Il y a bien longtemps vivait au pied d'une montagne une petite chèvre nommée Blanquette. Elle appartenait à monsieur Seguin. Attachée à un piquet, elle broutait l'herbe toute la journée.

Déroulement Mais bientôt, elle commença à s'ennuyer. Alors, elle demanda à monsieur Seguin la permission d'aller dans la montagne.

Ce dernier refusa énergiquement. Il lui expliqua qu'un méchant loup vivait dans cette montagne et qu'il aimait se régaler de bonnes petites chèvres.

Un matin, oubliant les paroles de son maître, Blanquette brisa sa corde et partit dans la montagne. Elle courait partout et s'amusait follement.

Dénouement Soudain, elle entendit un bruit derrière elle. C'était le loup. Blanquette le regarda dans les yeux et décida de se défendre. Elle combattit toute la nuit.

Au petit matin, épuisée, elle jeta un dernier regard vers la maison de monsieur Seguin, et le loup lui planta ses crocs dans la gorge.

D'après Alphonse Daudet, *Lettres de mon moulin.*

Un **texte narratif** est un texte qui raconte une histoire.

Le premier paragraphe est **l'introduction** de l'histoire. On y trouve généralement quand et où l'histoire se déroule, qui est le personnage principal, ce qu'il fait au moment où débute l'histoire.

Les paragraphes suivants sont le **déroulement** de l'histoire. On y trouve quel problème survient pour déclencher l'histoire, et les actions principales : comment réagit le personnage principal, ce qu'il fait, ce qui se passe ensuite.

Le dernier paragraphe est le **dénouement** de l'histoire. On y trouve comment se termine l'histoire.

Pour t'aider

Introduction (1er paragraphe)

a) Quand se passe l'histoire?

_____

b) Où se passe l'histoire?

_____

c) Qui est le personnage principal de cette histoire?

_____

d) Que fait le personnage principal au moment où débute l'histoire?

_____

Déroulement (2e, 3e et 4e paragraphes)

e) Quel problème survient pour déclencher l'histoire?

_____

f) Quelles sont les six actions principales de l'histoire?

- _____
- _____
- _____
- _____
- _____
- _____

Dénouement (dernier paragraphe)

g) Comment se termine l'histoire?

_____

Trouver les idées principales dans un texte descriptif

9 Lis le texte descriptif suivant, puis réponds aux questions.

LE PANDA GÉANT

Le panda géant vit dans les montagnes de Chine, au milieu des forêts. Comme il a peur des hommes, il vit caché parmi les arbres, surtout les bambous.

Le panda géant fait partie de la famille des ours. Toutefois, il est le seul ours à avoir un pelage à deux couleurs. Il a du noir sur les oreilles, le nez, les épaules et les pattes. Le tour de ses yeux est noir, comme s'il portait un masque.

Sa couleur lui permet de se confondre avec les taches sombres et claires de la forêt. De loin, il est très difficile de le voir. Cela le protège de son seul prédateur, l'homme.

Le panda est solitaire et fuit la compagnie, même celle des autres pandas. Mais il n'est pas agressif et n'aime pas se battre. Pour que les autres comprennent qu'il est chez lui, il marque son territoire en griffant l'écorce des arbres et en se frottant le derrière par terre pour laisser son odeur.

Il se nourrit principalement des feuilles de bambous. Comme le bambou contient beaucoup d'eau et n'est pas très nourrissant, le panda doit en manger énormément. Il mange, en moyenne, pendant 14 heures par jour.

Quand il n'est pas en train de manger ou de dormir, il joue : il grimpe aux arbres, se pend aux branches ou glisse sur les pentes en se mettant en boule.

Pour t'aider

Un **texte descriptif** est un texte qui décrit une situation, un animal, une plante, un événement historique, une personnalité, etc.

Dans le titre ou dans le premier paragraphe d'un texte descriptif on donne généralement le **sujet**.

Chaque paragraphe traite d'un **aspect** du sujet. Des mots clés indiquent quel aspect est traité.

Par exemple, dans le premier paragraphe du texte ci-dessus, les mots « vit dans les montagnes » et « vit caché parmi les arbres » indiquent que l'aspect traité est l'habitat.

a) Quel est le sujet du texte ?

_____

_____

b) Pour chaque paragraphe, indique quel aspect est traité. Utilise les aspects ci-contre.

• 1er paragraphe

_____

• 2e paragraphe

_____

• 3e paragraphe

_____

• 4e paragraphe

_____

• 5e paragraphe

_____

• 6e paragraphe

_____

_____

ASPECTS

• Nourriture
• Physique
• Moyen
  de défense
• Habitat
• Activités
• Vie sociale

Lis ce texte, puis formule oralement des questions dont les réponses sont surlignées.

SINDBAD LE MARIN

Il y a très longtemps, Sindbad naviguait sur la mer vers des terres inconnues. Au bout de quelques jours, une terrible tempête secoua le bateau et le poussa près d'une petite île. Aussitôt, le capitaine envoya Sindbad et deux de ses compagnons sur l'île afin d'aller chercher de l'eau pour tout l'équipage.

En arrivant sur l'île, les marins virent un immense jet d'eau qui sortait de la terre et montait très haut dans le ciel. Pendant que Sindbad se dirigeait vers cette étrange fontaine, le sol se mit à trembler et les hommes furent projetés dans la mer. Ébahi, Sindbad s'aperçut que l'île était en fait une grosse baleine endormie couverte d'herbe et de terre.

Pour t'aider

Pour t'assurer que tu comprends bien ce que tu lis, formule des questions tout au long de ta lecture. Ces questions peuvent commencer par **Quand ? Qui ? Pourquoi ? Qu'est-ce que ? De quoi ?** etc.

Exemple : Il y a très longtemps, Sinbad naviguait sur la mer.
Quand Sinbad naviguait-il ?

Prévoir la suite d'une histoire

 11 Lis le début de cette histoire, puis essaie d'imaginer ce qui va se passer. Ensuite, tourne ton cahier pour lire la suite.

LE LION
TRANSFORMÉ EN SOURIS

Un jour, la fée Arlette rencontra un gros lion, fier et orgueilleux d'être le roi des animaux. Elle décida de lui jouer un bon tour. D'un coup de baguette magique, elle le transforma en souris.

Malheureux, le lion partit se cacher dans la forêt. En chemin, il rencontra des gorilles. Il se dit : «Ceux-ci ne peuvent pas être mes amis. Ils sont trop gros et pourraient me faire mal.» Il poursuivit sa route et rencontra une girafe. «Comme elle est belle avec son long cou, pensa-t-il. Moi, je ne suis qu'une minable petite souris, laide et bonne à rien.» Poursuivant sa route, il rencontra…

pour les autres animaux, même les plus petits.

Depuis ce jour, cet animal est heureux d'être un lion, mais il a beaucoup de respect

retrouva sa forme de lion.

Notre amie comprit le message et rongea le filet. Dès que le lion fut libéré, la petite souris

— Tu es petite, mais tu as de bonnes dents !

— Que puis-je faire ? Je suis bien trop petite ! répondit la souris.

— Aide-moi ! cria l'animal.

… un lion qui était prisonnier du filet d'un chasseur.

Ce que tu avais imaginé est sûrement différent du texte original. Il n'y a pas de bonne ou de mauvaise réponse !

Quand tu lis, essaie toujours de deviner ce qui va arriver, cela t'aidera à rester attentif et à comprendre.

Le texte narratif

1 Lis le texte, puis réponds aux questions des pages 31 à 33.

Les voleurs dans le rouge

Ce matin, Oscar ne va pas à l'école, il est malade. Il a essayé de lire, mais il a trop mal à la tête. Il a voulu regarder la télévision, mais sa mère a refusé. Il est assis devant la fenêtre et regarde dehors d'un air morne *.

Tout à coup, il aperçoit deux individus masqués entrer en trombe * dans la banque située en face de chez lui.

Oubliant son mal de tête, Oscar se précipite dans le garage, s'empare d'un pot de peinture rouge et court le répandre devant la porte de la banque, puis retourne à son poste d'observation.

Quelques minutes plus tard, les voleurs ressortent de la banque, portant sur le dos de gros sacs de toile d'où s'échappent des billets. Ils marchent dans la peinture fraîche et s'enfuient à longues enjambées * en laissant de grandes traces rouges sur l'asphalte.

Grâce à Oscar, les policiers n'ont eu aucun mal à attraper les voleurs. Le jour même, ils se sont retrouvés derrière les barreaux.

> *** Vocabulaire**
>
> **un air morne :** un air ennuyé, triste, abattu
>
> **entrer en trombe :** entrer à toute vitesse
>
> **une enjambée :** un grand pas

Structure du texte

Introduction

a) Qui est le personnage principal ?
Coche la bonne réponse.

☐ un vieux monsieur   ☐ une jeune fille

☐ un chat   ☐ un jeune garçon

b) Que fait-il au moment où débute l'histoire ?
Coche la bonne réponse.

☐ Il regarde la télévision.   ☐ Il regarde par la fenêtre.

Déroulement

c) Quel événement survient pour déclencher l'histoire ? Coche la **bonne réponse**.

☐ Il voit deux individus masqués entrer dans la banque.

☐ Il voit deux individus masqués entrer chez lui.

d) Comment réagit le personnage principal, que fait-il ? Complète les **phrases**.

• Il se précipite dans _____

• Il s'empare d'un _____

• Il court _____

• Il retourne _____

e) Comment se termine l'histoire ? Complète les phrases.

• Les _____ sortent de _____

• Ils marchent dans _____

• Ils s'enfuient en laissant _____

_____

Dénouement

f) Comment se termine l'histoire ?

• Est-ce que les policiers attrapent les voleurs ? _____

• Est-ce que les voleurs vont en prison ? _____

Compréhension du texte

g) Comment s'appelle le personnage principal? _____

h) Qui sont les individus masqués? _____

i) Qu'est-ce que Oscar répand devant la porte de la banque?

_____

j) Que contiennent les sacs de toile transportés par les voleurs?

_____

k) Pourquoi les policiers n'ont eu aucun mal à attraper les voleurs?

_____

_____

l) Grâce à qui les policiers ont-ils pu attraper les voleurs?

_____

m) Vrai ou faux?

• Oscar ne va pas à l'école parce qu'il est en vacances. _____

• Il y a une banque en face de la maison d'Oscar. _____

• Oscar a oublié son gros sac d'école à la banque. _____

• Les individus masqués marchent dans la peinture bleue. _____

• Les voleurs se retrouvent en prison. _____

n) Coche le texte qui résume l'histoire.

☐ Oscar voit des voleurs entrer dans une banque. Il va dans le garage chercher un pot de peinture rouge. Il revient et appelle la police qui n'a aucun mal à attraper les voleurs.

☐ Oscar voit des voleurs entrer dans une banque. Il répand de la peinture devant l'entrée de la banque. Les policiers suivent les traces laissées par les voleurs, les attrapent et les mettent en prison.

Numérote chaque illustration de 1 à 6
selon l'ordre chronologique des événements de l'histoire.

LE ROI MIDAS

Par un beau jour de printemps, le bon roi Midas se promène tranquillement dans les jardins de son palais. Il vient de sauver de la mort Dionysos *, un dieu grec * très puissant.

Ce dernier, voulant récompenser le roi, lui demande ce qu'il désire le plus au monde.

« Je voudrais que tout ce que je touche se transforme en or, répond Midas. Ainsi, je serai plus riche que tout ce que je peux imaginer. » Dionysos accepte de lui donner ce pouvoir.

Midas, fou de joie, se met alors à changer en or tout ce qui lui tombe sous la main : les fleurs, les pierres, les meubles et même les mouches qui lui chatouillent le nez. Bientôt, tout le palais et ses environs sont transformés en or. « Ha ! ha ! Je suis l'homme le plus riche du monde ! » s'écrie-t-il.

Il veut célébrer cette inoubliable journée par un grand festin, mais, ô horreur ! toute nourriture qu'il touche, pain, viande, olives, raisins, la moindre bouchée, tout devient dur et brillant : c'est de l'or pur. La même chose arrive lorsqu'il essaie de boire : aucune goutte ne peut atteindre son gosier * : c'est de l'or pur.

Au bout de trois jours, Midas, désespéré, appelle Dionysos à son secours. « Sauve-moi ! je t'en prie, je suis en train de mourir de faim et de soif ! »

— Tu aurais pu y penser avant, répond Dionysos. Mais je vais t'aider. Va te laver les mains dans le fleuve Pactole qui coule devant ton palais et tu redeviendras comme avant.

Le roi Midas se traîne jusqu'au fleuve, s'y plonge tout entier. Et c'est ainsi qu'il est délivré de son pouvoir. Depuis ce jour, on trouve souvent de petites pépites d'or dans le fleuve Pactole, en Grèce.

* Vocabulaire

Dionysos : dieu grec de la vie et de la mort

un dieu grec : dans la Grèce antique, être supérieur qui dirige le monde

Structure du texte

Introduction

a) Qui est le personnage principal ?

☐ un père adoptif   ☐ un roi   ☐ un dieu

b) Que fait-il au moment où débute l'histoire ?

☐ Il se promène tranquillement au bord de la mer.

☐ Il vient de sauver de la mort Dionysos, un dieu grec très puissant.

Déroulement

c) Quel événement survient pour déclencher l'histoire ?

☐ Un dieu accorde à Midas le vœu de transformer en or tout ce qu'il touche.

☐ Un dieu accorde à Midas le vœu de transformer en or tout ce qu'il veut.

d) Comment réagit le personnage principal, que fait-il ? Complète la phrase.

• Il _____ en or tout _____

e) Que se passe-t-il ensuite ? Complète les phrases.

• Il organise un _____

• Midas ne peut ni _____ ni _____

• Midas appelle _____ à son _____

• _____ accepte d'aider Midas.

Dénouement

f) Comment se termine l'histoire ?

Est-ce que Midas est délivré de son pouvoir ? _____

Compréhension du texte

g) Comment s'appelle le personnage principal de l'histoire ?

☐ Midas   ☐ Dionysos

h) Comment s'appelle le dieu grec de l'histoire ? _____

i) Quel vœu fait Midas ? _____

_____

j) Quand son vœu est accordé, est-ce que Midas est heureux ? _____

k) Que fait Midas pour célébrer cette journée ? _____

_____

l) Midas peut-il manger ? _____ Midas peut-il boire ? _____

Pourquoi ? _____

_____

m) Que doit faire Midas pour être délivré de son pouvoir ?

_____

n) Comment s'appelle le fleuve situé en face du palais de Midas ?

_____

o) Coche le texte qui résume l'histoire.

☐ Midas a obtenu d'un dieu le pouvoir de se changer en or. Mais il ne peut
ni se nourrir ni boire. Il demande au dieu de lui enlever son pouvoir.
Celui-ci refuse et il meurt de faim et de soif.

☐ Midas a obtenu d'un dieu le pouvoir de changer en or tout ce qu'il touche.
Mais il ne peut ni manger ni boire. Il demande au dieu de lui enlever
son pouvoir. Celui-ci accepte et Midas redevient comme avant.

p) Numérote chaque illustration de 1 à 5
selon l'ordre chronologique des événements de l'histoire.

Le lion grognon

Il y avait au zoo un lion toujours de mauvaise humeur. Il parcourait son enclos en grognant et en rugissant, et aucun visiteur n'osait l'approcher. Il n'était pas bien méchant, mais l'emprisonnement et le bruit le rendaient fou de rage. Notre pauvre lion, qui s'appelait Bob, passait ses journées à s'ennuyer et rien n'arrivait à le distraire, pas même les grimaces des singes de l'enclos d'en face.

Un matin, Bob s'éveilla encore plus de mauvaise humeur que d'habitude, si c'était possible. Quelle horreur ! On avait mis une lionne dans sa cage ! Comment avait-on osé lui donner une compagne à lui, Bob, qui ne supportait personne d'autre que lui-même ?

La lionne dormait encore, et Bob poussa un énorme rugissement qui la fit sursauter.

Un peu timide, elle se leva sans dire un mot, attendant que Bob fasse le premier pas.

Bob fixait l'intruse en grondant. Il lui dit :

— Qui es-tu ? Que fais-tu chez moi ?

— Je m'appelle Josette, répondit la lionne. J'ai été capturée et, après un très long voyage, on m'a amenée ici. Je suis contente de faire votre connaissance.

— Oui, eh bien, tu vas me faire le plaisir de t'en aller immédiatement !

Je ne veux pas de toi dans ma cage !

Josette était surprise de ce mauvais accueil. Elle était épuisée par son voyage et s'attendait à plus de gentillesse. Ce lion grognard et de mauvaise humeur était vraiment la dernière chose qu'elle espérait ! Faire cette longue traversée de l'Afrique jusqu'au zoo pour se trouver face à un tel malotru * ! Ah, ça ne se passerait pas comme ça !

Bob lui avait tourné le dos et marmonnait dans son coin. Josette alla vers lui, bien décidée à ne pas se laisser faire. Elle était peut-être timide, mais elle ne craignait personne. Elle commença par le traiter d'égoïste et de vieux grincheux, puis se mit à rugir si fort que tous les visiteurs s'enfuirent du zoo.

Quand elle eut fini, Bob ne savait que répondre : c'était la première fois que quelqu'un lui tenait tête. Il regarda attentivement la petite lionne et la trouva assez mignonne, charmante, même. Finalement, pourquoi ne pas la laisser habiter ici, au lieu de la chasser ? Josette regarda le lion grognon et le trouva assez mignon, charmant, même. Finalement, pourquoi ne pas essayer de l'attendrir au lieu de lui crier dessus ?

Voilà comment un lion et une lionne tombèrent amoureux. Ils s'en fichaient bien quand les singes leur faisaient des grimaces et leur lançaient des peaux de bananes, car ils étaient trop occupés à rire ensemble.

Structure du texte

Introduction

a) Quel est le personnage principal ? Coche la bonne réponse.

☐ un lion   ☐ un visiteur   ☐ un singe

b) Que fait-il au moment où débute l'histoire ? Coche la bonne réponse.

☐ Il se chicane avec les singes.   ☐ Il se réveille.

Déroulement

c) Quel événement survient pour déclencher l'histoire ? Coche la bonne réponse.

☐ Les singes lui font des grimaces.   ☐ Il voit une lionne dans sa cage.

d) Comment réagit le personnage principal, que fait-il ? Complète les phrases.

• Il _____ un rugissement.

• Il fixe la _____ en _____ .

• Il lui dit de s'en _____ immédiatement.

e) Que se passe-t-il ensuite ? Coche la bonne réponse.

☐ La lionne se fâche à son tour, mais finalement ils se réconcilient.

☐ La lionne se fâche à son tour et décide de retourner en Afrique.

Dénouement

f) Comment se termine l'histoire ? Complète la phrase.

Le lion et la lionne tombent _____

Compréhension du texte

g) Comment s'appelle le personnage principal de l'histoire ?

☐ Bob

☐ Josette

h) Où se passe l'histoire ?

_____

i) À quel moment de la journée se passe l'histoire ?

_____

j) Bob est-il méchant ?

_____

k) Qu'est-ce qui rend Bob fou de rage ?

_____

l) Est-ce que les singes arrivent à distraire le lion ?

_____

m) Comment s'appelle la compagne qu'on a donnée à Bob ?

_____

n) Bob est-il content qu'on ait mis une lionne dans sa cage ?

_____

o) Comment se sent la lionne devant l'accueil que lui fait le lion ?
Coche les bonnes réponses.

☐ Elle est heureuse.

☐ Elle est fâchée.

☐ Elle est surprise.

p) De quel continent vient Josette ?

_____

q) Josette est-elle peureuse ?

_____

r) Coche le texte qui résume l'histoire.

☐ Au zoo, on a mis une lionne dans la cage d'un lion. Celui-ci se fâche, la lionne se fâche à son tour et finalement elle retourne en Afrique.

☐ Au zoo, on a mis une lionne dans la cage d'un lion. Celui-ci se fâche, la lionne se fâche à son tour, ils se réconcilient et finalement tombent amoureux.

s) Numérote les phrases de 1 à 8
selon l'ordre chronologique des événements de l'histoire.

☐ Bob est très fâché et pousse un énorme rugissement.

☐ Le lion s'ennuie dans sa cage.

☐ Josette se fâche à son tour.

☐ Il dit à la lionne de partir.

☐ Bob change d'idée à propos de Josette : il la trouve plutôt charmante.

☐ Josette est surprise par le mauvais accueil de Bob.

☐ Josette et Bob sont amoureux.

☐ Un matin, il se réveille et voit qu'on a mis une lionne dans sa cage.

Le texte descriptif

4 Lis le texte, puis réponds aux questions des pages 46 et 47.

L'AUTRUCHE

L'autruche vit en Afrique, dans les régions presque désertiques où poussent seulement quelques plantes broussailleuses.

L'autruche est le plus gros des oiseaux. Adulte, elle mesure entre 1 mètre 90 et 2 mètres 50 de hauteur et pèse entre 120 et 150 kilogrammes. Sa petite tête aplatie et son long cou sont recouverts de duvet. Son corps est garni de longues plumes douces et brillantes. Le plumage du mâle est noir, ses ailes et sa queue sont blanches. Le plumage de la femelle est gris-brun. Les ailes de l'autruche, qui sont très petites par rapport à son corps, ne lui permettent pas de voler. Grâce à de longues pattes musclées, elle peut courir à une vitesse de 70 kilomètres à l'heure.

L'autruche est omnivore : elle se nourrit d'herbes, de graines, de fruits, d'insectes et parfois de petits animaux. Comme elle vit dans des régions où l'eau est rare, elle consomme beaucoup de plantes, dont la sève lui permet de se désaltérer.

Quand vient le temps de la reproduction, le mâle creuse un trou dans le sable et la femelle y pond ses œufs. Un œuf d'autruche est aussi gros qu'une vingtaine d'œufs de poule réunis.

La femelle couve ses œufs le jour, et lorsque la nuit tombe, le mâle vient la relayer. Au bout de quarante jours, quand les autruchons brisent leur coquille, ils sont recouverts d'un fin duvet gris-brun, comme celui de leur mère.

L'autruche vit en groupe, aux côtés des zèbres et des antilopes. Elle peut vivre jusqu'à 70 ans. On dit souvent que l'autruche se cache la tête dans le sable lorsqu'elle a peur. En fait, si un danger la menace lorsqu'elle est en train de couver ses œufs, elle allonge le cou et colle sa tête au sol pour se camoufler, mais aussi pour écouter les vibrations causées par l'arrivée d'un éventuel ennemi.

Structure du texte

a) Quel est le sujet du texte ?

_____

b) Pour chaque paragraphe, indique quel aspect est traité. Utilise les aspects ci-contre.

ASPECTS

- Physique
- Comportement
- Habitat
- Alimentation
- Reproduction

- 1er paragraphe

_____

- 2e paragraphe

_____

- 3e paragraphe

_____

- 4e paragraphe

_____

- 5e paragraphe

_____

Compréhension du texte

c) Sur quel continent vivent les autruches ? _____

d) Combien pèse une autruche adulte ? _____

e) Quelle sorte de plumes recouvrent la tête et le cou des autruches ?

_____

f) De quelle couleur est le plumage de la femelle ? _____

g) Pourquoi l'autruche ne peut-elle pas voler ?

_____

h) Qu'est-ce qui permet à l'autruche de courir très vite ?

_____

i) Que mangent les autruches ?

_____

j) Qu'est-ce qu'un animal omnivore ? Coche la bonne réponse.

☐ un animal qui mange seulement des plantes

☐ un animal qui mange seulement de la viande

☐ un animal qui mange de tout

k) Comment fait l'autruche pour se désaltérer dans les régions désertiques ?

_____

l) Où les autruches font-elles leur nid pour pondre leurs œufs ? _____

m) Un œuf d'autruche est-il aussi gros qu'un œuf de poule ? _____

n) Qui s'occupe de couver les œufs le jour ? _____

o) Qui s'occupe de couver les œufs la nuit ? _____

p) Comment s'appelle le petit de l'autruche ? _____

q) Jusqu'à quel âge peut vivre une autruche ? _____

r) Que fait l'autruche quand un danger la menace ?

_____

_____

_____

Cher grand-papa,

La semaine dernière, nous avons gagné le championnat de hockey Atome AA de la Mauricie. Je t'envoie la photo de mon équipe, qui a été prise à cette occasion. Tu vas enfin voir à quoi ressemblent mes coéquipiers.

Je suis au centre de la rangée du bas. À ma gauche, il y a Aramis, l'assistant capitaine, le joueur le plus rapide de notre équipe. Il a d'ailleurs été nommé le joueur par excellence du tournoi. Éloi, notre capitaine, celui qu'on appelle El cap, est à ma droite.

Au-dessus de nous, à l'extrême gauche, est assis Nicolas, le fils de notre entraîneur. À côté de lui, Jonas fait le V de la victoire. À droite de Jonas, il y a Léonard, qui fait le clown. Léonard a compté deux buts cette année dans notre propre filet. Ce qui ne l'empêche pas d'être mon meilleur ami!

Sur la dernière rangée, Ambroise, à gauche, et Luigi, à droite, tiennent la banderole au-dessus des deux filles de l'équipe: Muguette, la blonde, et Clémence, celle qui porte des lunettes. Sylvain, notre entraîneur, se tient juste à côté d'Ambroise.

Ton petit-fils Benjamin qui t'aime beaucoup.

Structure du texte

a) Quel est le sujet du texte ?

_____

b) Indique dans quel paragraphe chaque aspect est traité.

• Les joueurs de la rangée du haut : _____

• Les joueurs de la rangée du bas : _____

• Les joueurs de la rangée du milieu : _____

Compréhension du texte

c) Qui a écrit la lettre ? _____

d) À qui la lettre est-elle adressée ? _____

e) Quel championnat a gagné l'équipe de hockey de Benjamin ?

_____

f) Quels joueurs sont sur la rangée du bas ?

_____

g) Comment s'appelle l'assistant capitaine ? _____

h) Qui est le joueur le plus rapide de l'équipe ? _____

i) Qui a été nommé le joueur par excellence du tournoi ? _____

j) Quel est le surnom du capitaine de l'équipe ? _____

k) Quels joueurs sont sur la rangée du milieu ?

_____

l) L'entraîneur a-t-il un fils qui joue dans l'équipe ? _____

m) Quel geste fait Jonas sur la photo ?

_____

n) Qui est assis entre Nicolas et Léonard ?

_____

o) Quels joueurs sont sur la rangée du haut?

_____

p) Qui tient la banderole? _____

q) De quelle couleur sont les cheveux de Muguette? _____

r) Qui porte des lunettes? _____

s) Comment s'appelle l'entraîneur? _____

DES SENS EXTRAORDINAIRES

Les insectes n'ont «pas grand-chose» dans le crâne. Leur cerveau ne contient, selon les espèces, que quelques milliers de cellules. L'être humain, en comparaison, en possède des centaines de milliards. Cependant, les insectes compensent par des sens qui laissent pantois * !

Si nous possédons deux yeux, l'insecte, lui, en a quatre, cinq et même davantage, que l'on peut regrouper en deux catégories : Des yeux simples, très petits, que l'on appelle ocelles. Ils ne réagissent qu'à la lumière et à la pénombre. Ils ne peuvent pas former d'images. Des yeux composés, plus gros, que l'on appelle facettes. Ils permettent de percevoir les formes, les couleurs et le mouvement avec une grande rapidité. Voilà pourquoi les insectes sont si difficiles à attraper !

Tous les insectes ne sont pas dotés d'une bonne vue, plusieurs espèces sont aveugles. En revanche, ils ont un extraordinaire sens de l'odorat. Leur organe de l'odorat n'est pas le nez, comme nous, mais les antennes, qui détectent la moindre odeur. Un peu comme si le bout de nos doigts pouvait sentir les effluves * qui nous entourent.

Sentir avec le bout des doigts nous semblerait étrange ! Et goûter

avec nos pieds, alors ?

C'est pourtant ce que font les insectes grâce à des soies minuscules

qui couvrent l'extrémité de leurs pattes. L'exemple de la piéride du

chou est frappant. Quand la femelle de ce papillon se pose sur

une feuille, elle y fait quelques pas : si cela goûte le chou, elle y pond

ses œufs. Elle est ainsi assurée qu'à l'éclosion *, les chenilles auront

de quoi se nourrir.

Comme nous, les insectes discernent les sons… mais ils n'ont pas

d'oreilles. En fait, leurs organes de l'ouïe sont placés à des endroits

inattendus. Par exemple, les tympans * du grillon sont disposés

sur leurs pattes avant ; ceux de la mante religieuse sont situés sur

le thorax et ceux de la cigale et du criquet sur l'abdomen * ;

chez plusieurs insectes, on peut même les trouver sur les ailes.

Pour la plupart des insectes, l'ouïe est un moyen de défense.

Les papillons de nuit, par exemple, entendent les sons aigus émis

par les chauves-souris au cours de leur chasse nocturne *.

Prévenus à temps, ils changent de direction et s'éloignent au plus vite.

D'après Chris Maynard, *Les insectes, un monde étrange et fascinant*,
Montréal, Hurtubise HMH, 2002.

---

* Vocabulaire

pantois : très surpris

effluves : parfums

éclosion : ouverture, en parlant d'un œuf

tympan : peau très mince qui transmet les sons

abdomen : ventre

nocturne : qui a lieu la nuit

Structure du texte

a) Quel est le sujet du texte?

_____

b) Pour chaque paragraphe, indique quel aspect est traité.
Choisis parmi les aspects ci-contre.

• 2ᵉ paragraphe

_____

• 3ᵉ paragraphe

_____

• 4ᵉ paragraphe

_____

• 5ᵉ paragraphe

_____

ASPECTS

• Odorat
• Physique
• Vue
• Ouïe
• Habitat
• Alimentation
• Goût
• Rangée du bas
• Reproduction

Compréhension du texte

c) Les insectes ont-ils un cerveau aussi développé
que l'être humain?

_____

d) Combien de cellules possède le cerveau humain? _____

e) Les insectes ont des sens qui nous surprennent. Écris la phrase du texte qui l'indique.

_____

f) Comment appelle-t-on les yeux des insectes qui réagissent à la lumière?

_____

g) Comment appelle-t-on les yeux qui permettent aux insectes
de percevoir les couleurs?

_____

h) Pourquoi les insectes sont-ils si difficiles à attraper?

_____

i) Est-ce qu'il existe des insectes qui ne voient pas? _____

j) Quel est l'organe de l'odorat chez les insectes? _____

k) À quoi servent les soies qui couvrent les pattes des insectes?

_____

l) Quelle sorte d'insecte est la piéride du chou? _____

m) Où la piéride du chou pond-elle ses œufs? _____

n) Les insectes entendent-ils? _____

o) Les insectes ont-ils des oreilles? _____

p) Où se situe l'organe de l'ouïe chez:

– le grillon? _____

– la mante religieuse? _____

– la cigale? _____

– le criquet? _____

q) À quoi sert l'ouïe chez la plupart des insectes?

_____

r) Les chauves-souris mangent-elles des papillons? _____

ACTIVITÉS PENDANT LA LECTURE

Comprendre ce qu'on lit

Trouver le sens d'un mot inconnu

a) Dans le sud de la France, un vent chaud et sec venant de la haute mer, l'**autan**, a un effet d'engourdissement sur les hommes et les animaux.

b) Les musaraignes sont des petits animaux très peureux. Elles se déplacent **à la file indienne**, c'est-à-dire les unes derrière les autres.

c) En été, quand il fait chaud, l'eau s'évapore et monte dans le ciel où elle se refroidit et se transforme en vapeur d'eau. Les nuages ainsi formés sont blancs et ont la forme de gros choux-fleurs, on les appelle des **cumulus**.

d) La baleine bleue est le plus gros animal du monde, mais elle se nourrit de petits crustacés, le **krill**.

e) Le lait est transporté de la ferme à la laiterie. Là, on le chauffe pour tuer certains microbes nuisibles. C'est la **pasteurisation**.

f) Au printemps, la louve choisit un abri, qu'on appelle une **tanière**.

g) Quand tu as faim, ton estomac se met à bouger et il fait de drôles de bruits, qu'on appelle des **gargouillis**.

h) Les dauphins n'aiment pas vivre seuls. Ils se déplacent en groupes appelés **bandes**.

i) Les visiteurs du zoo admirent le paon qui **fait la roue** : il déploie sa queue en un large éventail coloré.

a) un dessin rapide, à grands traits

b) transformé

c) passagers d'un bateau qui a coulé

d) gelés

e) bruit produit par une foule

f) marchands d'antiquités

g) sans se faire remarquer

h) gourmand

3

a) a beaucoup d'argent

b) sommier, matelas, oreillers et couvertures

c) attachée

4

a) Il fait chaud ici. Il vaut mieux déboutonner ton manteau. Tu pourras le reboutonner quand tu sortiras.

b) Porter une tuque décoiffe mes cheveux. Il faut chaque fois que je me recoiffe.

c) Rouler à bicyclette sur un sentier de terre peut dégonfler tes pneus. Il faudra alors les regonfler.

d) Quand j'ai déballé le colis, je me suis aperçu que l'objet était brisé. Je l'ai donc remballé et je l'ai renvoyé au magasin.

e) Les humains marchent sur deux pieds, ils sont bipèdes. Les vaches, les moutons et les chèvres marchent à quatre pattes, ce sont des quadrupèdes.

5

Trouver des informations par déduction ou inférence

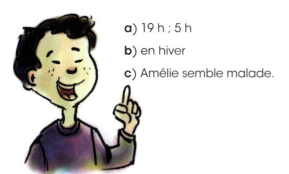

a) 19 h ; 5 h

b) en hiver

c) Amélie semble malade.

Identifier les mots de substitution

6

La petite Marie joue dans le parc avec son grand frère
Ludovic. **Les deux enfants** (M, L) s'amusent comme des petits
fous. **Ils** (M, L) se cachent derrière les arbres et dans
les buissons.

Soudain, **la fillette** (M) pousse un cri. **Le grand frère** (L) arrive en
courant et **lui** (M) demande ce qui ne va pas.

— J'ai vu une araignée, dit-**elle** (M) en pleurant.

— Pourquoi as-**tu** (M) peur de **ce petit animal** (A) ?
demande **le garçon** (L).

— J'ai peur que **cette vilaine bestiole** (A) **me** (M) pique !

— Mais non ! **Elle** (A) ne peut **te** (M) faire aucun mal.
Au contraire, **elle** (A) est très douce.

L'aîné (L) tend son doigt et **l'animal** (A) y grimpe lentement.
La petite fille (M) grimace. Puis, voyant que rien de
fâcheux n'arrive, **elle** (M) tend la main à son tour.

La minuscule bête (A) trottine lentement dans sa main.
Puis **l'enfant** (M) dépose délicatement **l'animal** (A) par terre.
Elle (M) sourit et se dit que, grâce à **son grand frère** (L),
elle (M) s'est fait **une nouvelle amie** (A).

Trouver les idées principales dans un texte descriptif

9

a) Le panda géant
b) • 1er paragraphe : Habitat
• 2e paragraphe : Physique
• 3e paragraphe : Moyen de défense
• 4e paragraphe : Vie sociale
• 5e paragraphe : Nourriture
• 6e paragraphe : Activités

Retenir ce qu'on lit

7

a) Les mammifères
b)
• Les mammifères qui vivent dans la mer : non
• La façon dont naissent les petits : oui
• De quoi se nourrissent les mammifères : non
• Ce qui recouvre le corps de ces animaux : oui
• Les ennemis des mammifères : non
• Comment ils se défendent : non
• L'intelligence des mammifères : oui
• Leurs activités durant l'été : non
• Comment les petits se nourrissent : non
c) Parce que leur cerveau est plus développé.
d) Parce que leur corps fonctionne beaucoup plus lentement.

Formuler des questions suggérées par ce qu'on lit

10

Exemples de réponses :
- Quand se passe l'histoire ? (*Il y a très longtemps.*)
- Qui est le personnage principal ? (*Sindbad*)
- Qu'est-ce qui a secoué le bateau ? (*Une terrible tempête.*)
- Pourquoi Sindbad et deux de ses compagnons sont-ils allés sur l'île ? (*Afin d'aller chercher de l'eau.*)
- Qu'est-ce que les marins ont vu en arrivant sur l'île ? (*Un immense jet d'eau.*)
- Qu'est-ce qui est arrivé aux hommes quand le sol s'est mis à trembler ? (*Les hommes furent projetés dans la mer.*)
- Qu'est-ce que c'était que cette île ? (*Une grosse baleine endormie.*)
- De quoi était couverte la baleine ? (*D'herbe et de terre.*)

Trouver les idées principales dans un texte narratif

8

a) L'histoire se passe il y a bien longtemps.
b) L'histoire se passe au pied d'une montagne.
c) Une petite chèvre nommée Blanquette.
d) Il broute l'herbe toute la journée.
e) La chèvre commence à s'ennuyer.
f) • La chèvre demande à monsieur Seguin la permission d'aller dans la montagne.
• Monsieur Seguin refuse.
• La chèvre part dans la montagne.
• Elle s'amuse.
• Le loup arrive.
• La chèvre se bat toute la nuit avec le loup.
g) Le loup mange la chèvre.

3 ACTIVITÉS DE COMPRÉHENSION DE LECTURE

Le texte narratif

1

a) un jeune garçon
b) Il regarde par la fenêtre.
c) Il voit deux individus masqués entrer dans la banque.
d)
  • Il se précipite dans le garage.
  • Il s'empare d'un pot de peinture rouge.
  • Il court le répandre devant la porte de la banque.
  • Il retourne à son poste d'observation.
e)
  • Les voleurs sortent de la banque.
  • Ils marchent dans la peinture fraîche.
  • Ils s'enfuient en laissant de grandes traces rouge sur l'asphalte.
f)
  • Est-ce que les policiers attrapent les voleurs ? Oui.
  • Est-ce que les voleurs vont en prison ? Oui.
g) Oscar
h) Des voleurs.
i) Il répand de la peinture rouge.
j) Ils contiennent des billets de banque.
k) Parce que les voleurs ont laissé des traces de peinture rouge sur l'asphalte.
l) Grâce à Oscar.
m)
  • Oscar ne va pas à l'école parce qu'il est en vacances.   Faux
  • Il y a une banque en face de la maisond'Oscar.   Vrai
  • Oscar a oublié son gros sac d'école à la banque.   Faux
  • Les individus masqués marchent dans la peinture bleue.   Faux
  • Les voleurs se retrouvent en prison.   Vrai
n) Cocher le texte suivant :
  Oscar voit des voleurs entrer dans une banque.
  Il répand de la peinture devant l'entrée de la banque.
  Les policiers suivent les traces laissées par les voleurs, les attrapent et les mettent en prison.

o)

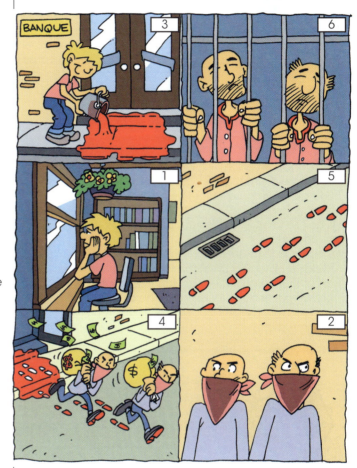

2

a) un roi

b) Il vient de sauver de la mort Dionysos, un dieu grec très puissant.

c) Un dieu accorde à Midas le vœu de transformer en or tout ce qu'il touche.

d) Il change en or tout ce qui lui tombe sous la main.

e)
- Il organise un festin.
- Midas ne peut plus ni manger ni boire.
- Midas appelle Dionysos à son secours.
- Dionysos accepte d'aider Midas.

f) Oui.

g) Midas.

h) Dionysos.

i) Midas fait le voeu de transformer en or tout ce qu'il touche.

j) Oui.

k) Il organise un festin.

l) Midas peut-il manger? Non. Midas peut-il boire? Non
Pourquoi? Parce que tout ce qu'il touche se transforme en or.

m) Il doit se laver les mains dans le fleuve Pactole.

n) Le Pactole.

o) Cocher le texte suivant :
Midas a obtenu d'un dieu le pouvoir de changer en or tout ce qu'il touche. Mais il ne peut plus ni manger ni boire. Il demande au dieu de lui enlever son pouvoir. Celui-ci accepte et Midas redevient comme avant.

p)

a) un lion

b) Il se réveille.

c) Il voit une lionne dans sa cage.

d)
- Il pousse un rugissement.
- Il fixe la lionne en grondant.
- Il lui dit de s'en aller immédiatement.

e) La lionne se fâche à son tour, mais finalement ils se réconcilient.

f) Le lion et la lionne tombent amoureux.

g) Bob

h) Dans un zoo.

i) Le matin.

j) Non.

k) L'emprisonnement et le bruit.

l) Non.

m) Josette.

n) Non.

o) Elle est fâchée. Elle est surprise.

p) Elle vient d'Afrique.

q) Non.

r) Cocher le texte suivant :
Au zoo, on a mis une lionne dans la cage d'un lion. Celui-ci se fâche, la lionne se fâche à son tour, ils se réconcilient et finalement tombent amoureux.

s)

3 Bob est très fâché et veut qu'elle retourne d'où elle vient.

1 Le lion s'ennuie dans sa cage.

6 Josette se fâche à son tour.

4 Il dit à la lionne de partir.

7 Bob change d'idée à propos de Josette : il la trouve plutôt charmante.

5 Josette est surprise par le mauvais accueil de Bob.

8 Josette et Bob sont amoureux.

2 Un matin, il se réveille et voit qu'on a mis une lionne dans sa cage.

Le texte descriptif

a) L'autruche

b)
- 1er paragraphe : Habitat
- 2e paragraphe : Physique
- 3e paragraphe : Alimentation
- 4e paragraphe : Reproduction
- 5e paragraphe : Comportement

c) En Afrique.

d) Entre 120 et 150 kilogrammes.

e) Du duvet.

f) Gris-brun.

g) Parce que ses ailes sont très petites par rapport à son corps.

h) Ses longues pattes musclées.

i) Des herbes, des graines, des fruits, des insectes et des petits animaux.

j) un animal qui mange de tout.

k) Elle consomme beaucoup de plantes, dont la sève lui permet de se désaltérer.

l) Dans le sable.

m) Non.

n) La femelle.

o) Le mâle.

p) L'autruchon.

q) Jusqu'à 70 ans.

r) Elle allonge le cou et colle sa tête au sol pour se camoufler et écouter les vibrations causées par l'arrivée d'un éventuel ennemi.

a) La photo de l'équipe de hockey de Benjamin.

b) • Les joueurs de la rangée du haut : 4e paragraphe
  • Les joueurs de la rangée du bas : 2e paragraphe
  • Les joueurs de la rangée du milieu : 3e paragraphe

c) Benjamin.

d) Au grand-père de Benjamin.

e) Le championnat de hockey Atome AA de la Mauricie.

f) Benjamin, Aramis et Éloi.

g) Aramis.

h) Aramis.

i) Aramis.

j) El cap.

k) Nicolas, Jonas et Léonard.

l) Oui.

m) Il fait le V de la victoire.

n) Jonas.

o) Ambroise, Luigi, Muguette et Clémence.

p) Ambroise et Luigi.

q) Ils sont blonds.

r) Clémence.

s) Sylvain.

a) Les sens des insectes.

b) • 2ᵉ paragraphe : Vue
    • 3ᵉ paragraphe : Odorat
    • 4ᵉ paragraphe : Goût
    • 5ᵉ paragraphe : Ouïe

c) Non.

d) Des centaines de milliards.

e) Les insectes compensent par des sens qui laissent pantois.

f) Les ocelles.

g) Les facettes.

h) Parce qu'ils perçoivent le mouvement avec une grande rapidité.

i) Oui.

j) Les antennes.

k) Elles servent d'organe du goût.

l) Un papillon.

m) Sur les feuilles de chou.

n) Oui.

o) Non.

p) - le grillon : sur les pattes avant
    - la mante religieuse : sur le thorax
    - la cigale : sur l'abdomen
    - le criquet : sur l'abdomen

q) C'est un moyen de défense.

r) Oui.